Os Poemas dos Blythes

Os Poemas dos Blythes

LUCY MAUD MONTGOMERY

Tradução
Thalita Uba

Ciranda Cultural

© 2020 Ciranda Cultural Editora e Distribuidora Ltda.

Texto
Lucy Maud Montgomery

Tradução
Thalita Uba

Preparação
Fernanda R. Braga Simon

Revisão
Mariana Góis
Luciana Garcia

Produção editorial e projeto gráfico
Ciranda Cultural

Ilustração de capa
Beatriz Mayumi

Dados Internacionais de Catalogação na Publicação (CIP) de acordo com ISBD

M787p   Montgomery, Lucy Maud, 1874-1942

         Os poemas dos Blythes / Lucy Maud Montgomery ; traduzido por Thalita Uba ; ilustrado por Beatriz Mayumi. - Jandira, SP : Ciranda Cultural, 2020.
         112 p. ; 15,5cm x 22,6cm. – (Ciranda Jovem)

         Inclui índice.
         ISBN: 978-65-5500-471-7

         1. Literatura infantojuvenil. 2. Literatura canadense. 3. Poemas. I. Uba, Thalita. II. Mayumi, Beatriz. III. Título. IV. Série.

2020-2154

CDD 028.5
CDU 82-93

Elaborado por Vagner Rodolfo da Silva - CRB-8/9410

Índice para catálogo sistemático:
1.   Literatura infantojuvenil 028.5
2.   Literatura infantojuvenil 82-93

1ª edição em 2020
www.cirandacultural.com.br
Todos os direitos reservados.
Nenhuma parte desta publicação pode ser reproduzida, arquivada em sistema de busca ou transmitida por qualquer meio, seja ele eletrônico, fotocópia, gravação ou outros, sem prévia autorização do detentor dos direitos, e não pode circular encadernada ou encapada de maneira distinta daquela em que foi publicada, ou sem que as mesmas condições sejam impostas aos compradores subsequentes.

SUMÁRIO

Parte um.. 8

O Flautista 9

Crepúsculo em Ingleside 10

Desejo a ti 12

A velha trilha que costeia a orla.................... 14

Quarto de hóspedes no campo 16

A segunda noite 17

A casa nova.. 18

Hino dos tordos 20

Noite.. 22

Homem e mulher 24

O homem.. 25

A mulher.. 26

A terceira noite 28

Há uma casa que amo 29

Canção do mar.. 31

A quarta noite 33

A um estimado amigo................................... 34

A quinta noite 36

Dia de verão 37

Lembrado 40

A sexta noite... 43

Adeus ao antigo quarto................................ 44

O quarto assombrado 48

Canção do inverno 51

A sétima noite 52

Sucesso.. 53

O portão dos sonhos.................................... 56

Um velho rosto 58

Parte dois 60

Mais um crepúsculo em Ingleside 61

Interlúdio 62

Venha, vamo-nos 64

Um dia de junho 66

Vento do outono 68

Lugares selvagens 70

Por si só 72

A mudança 73

Eu conheço 75

A segunda noite 76

O vento 77

A noiva sonha 80

Canção de maio 84

A terceira noite 86

Alma de partida 87

Minha casa 89

Lembranças 91

A quarta noite 93

Crepúsculo canadense 94

Oh, caminharemos hoje com a primavera 96

Luto 99

O quarto 101

Au revoir 104

Eu quero 105

O peregrino 107

Canção da primavera 109

A consequência 111

*A primeira metade deste livro trata da vida
antes da Primeira Guerra Mundial.
A segunda parte trata da vida após a guerra.*

PARTE UM

Nos meus livros Vale do Arco-Íris *e* Rilla de Ingleside, *um poema é mencionado, "O Flautista", que supostamente teria sido escrito e publicado por Walter Blythe antes de sua morte, na Primeira Guerra Mundial. Embora a existência de tal poema não seja real, muitas pessoas me escreveram perguntando onde poderiam encontrá-lo. Os versos foram escritos recentemente, mas parecem ainda mais apropriados agora do que antes.*

O FLAUTISTA

Certo dia, o Flautista desceu até o vale...
Doce, extensa e suave era sua toada!
As crianças o seguiram de lar em lar,
A despeito dos entes queridos a implorar,
Tamanho o encanto de sua balada,
Como a canção de um regato da floresta.

Um dia, o Flautista retornará
Para entoar aos filhos desta terra suada!
Eu e você seguiremos de lar em lar,
Muitos de nós para nunca mais voltar...
De que importa, se a Liberdade ainda resta
Como a coroa de cada montanha funesta?

Walter Blythe

LUCY MAUD MONTGOMERY

CREPÚSCULO EM INGLESIDE

No circuito familiar de Ingleside, Anne Blythe, antigamente Anne Shirley, às vezes lê seus poemas à família na hora do crepúsculo, inclusive para Susan Baker, a governanta-assistente, que está com eles há tanto tempo que parece ser da família. Antes de se casar, Anne escrevia contos ocasionalmente, mas desistiu quando os filhos eram pequenos. Entretanto, ela ainda escreve poemas de vez em quando, e então os lê para a família, que se senta em um círculo para ouvir, sem tecer comentário algum até o fim.

O doutor Blythe *pensa*: "Será que nós, adultos, brincamos o suficiente? Veja a Susan... Ela é totalmente escrava das crianças. No entanto, talvez isso seja uma brincadeira para ela".

Susan, *que desaprova ao máximo o fato de Walter escrever poemas, mas acha que tudo que a senhora Blythe faz é correto, pensa*: "Não sou muito de sonhar, mas é gostoso ter alguém que precisa de você, eu admito... E eles *realmente* precisam de mim aqui... A Shirley precisa, de toda forma. Uma família com cinco crianças e uma propriedade tão grande quando Ingleside precisa de mais de uma mulher, e é aí que eu entro".

Walter Blythe *pensa*: "Uma enorme pérola pendendo sobre a sua porta. Sempre pensarei nisso quando vir a lua cheia. Gostaria de poder escrever poemas tão bonitos quanto a minha mãe. Talvez eu chegue lá quando for mais velho. Tenho doze anos agora. Leva bastante tempo para se tornar adulto".

O doutor Blythe *pensa*: "'Uma casa pequenina, com belas vigas'. Era assim que eu costumava pensar na nossa Casa dos Sonhos quando me casei com a Anne, há dezesseis anos. O primeiro 'lar próprio' de um

Os poemas dos Blythes

homem é algo que ele nunca esquece. Mas *eu* teria escrito: 'Sempre que quiseres praguejar sozinho'".

Susan *pensa*: "Eu sempre gostei do cheiro de menta. Mas quanto menos se falar sobre bruxas diante das crianças, na minha humilde opinião, melhor. Quanto aos tolos... Todos temos incontáveis chances de ser tolos... E nos aproveitamos delas".

Doutor Blythe: "Suponho que todos precisaremos ouvir o Flautista um dia. Como seremos eu e a Anne quando envelhecermos? Eu serei careca e terei uma papada... Mas ela sempre será a Anne para mim".

Jem Blythe *diz em voz alta*:

– Minha nossa, a senhora *realmente* sabe escrever poesia, mamãe.

DESEJO A TI

Amigo meu, no ano vindouro
Eu te desejo um tempo para brincar,
E uma hora para sonhar sob o ocaso de ouro
Quando o clamoroso dia chegar.
(E que a lua, como uma pérola da costa indiana,
Penda qual lanterna sob a porta da tua choupana.)

Uma casa pequenina, com belas vigas,
E alguém ali para de ti precisar,
Um vinho gostoso e risadas amigas
Com um ou dois companheiros compartilhar.
(E manter em segredo aquele lugarzinho
Sempre que quiseres chorar sozinho.)

Eu te desejo um jardim repleto de rosas,
Belas aquilégias para te deleitar,
O aroma de menta nas tardes chuvosas,
Uma brisa agradável sob a luz do luar.
(Umas noites para cavalgar, outras para dormir
Com as bruxas planando pela noite a bramir.)

Os poemas dos Blythes

Que uma bela safra de figos possas apanhar,
Com um cardo ou outro a exibir seu espinho,
Pois enfadonha é a colheita que não ostentar
Pedra alguma em seu longo caminho.
(E vez ou outra, a despeito da razão,
Como um tolo possa agir por opção.)

Eu lhe desejo uma sede insaciável
Por toda a graça que a terra pode prover,
Bétulas brancas de beleza infindável
Que a aurora de abril virá florescer.
(E que não haja excessivas ofensas a extinguir
Quando o Flautista quiser finalmente partir.)

Anne Blythe

LUCY MAUD MONTGOMERY

A VELHA TRILHA QUE
COSTEIA A ORLA

Venta sob a sombra dos pinheiros druidas do horto
E, por entre seus ramos, vejo o contorno arroxeado do porto.
Ventos do oeste sopram sobre a pele roxa do mar,
E, no horizonte poente, avistam-se os barcos a chegar
Cortando a espuma das ondas douradas do pôr do sol,
E, ainda mais ao longe, vejo reluzir a luz estrelar do farol.
Tudo permanece como costumava ser outrora,
Mas algo se perdeu na velha trilha que costeia a orla.
Tudo aqui ainda reflete você... as águas seu nome sussurram,
Meu coração atento repete as emoções que abundam.
Sua risada na brisa é mais clara do que quando estávamos sós,
Os suspiros dos pinheiros parecem ecoar a sua voz.
Os céus veranis são tão azuis quanto os olhos seus,
As rosas silvestres na margem aguardam, meu bem, o seu adeus.
Mas rosa e amante esperam em vão, pois você não virá mais
Na velha trilha que costeia a orla comigo passear jamais.
E devo seguir meu caminho solitário até a praia e seus rochedos,
E ansiar pelos beijos dos seus lábios e o toque dos seus dedos,
E observar com olhos tristes o brilho roxo do mar distante,
E as velas a velejar pelo porto enevoado e pujante;
Pergunto-me se em terras longínquas, onde rosas raras florescem,
Essas velhas lembranças de mim o seu coração ainda aquecem,
E, se o destino permitisse, você voltaria de bom grado para mim
Para caminhar sob o ocaso na velha trilha que costeia a orla até o fim.

Anne Blythe

Doutor Blythe:

– Em quem você estava pensando quando escreveu isso, Anne?

Anne:

– Gilbert, se você continuar falando com esse tom de ciúmes, vou parar de ler meus poemas para você. Este foi escrito anos atrás e foi motivado pela história de amor de Mary Royce. Você não lembra? E é claro que a velha trilha que costeia a orla é aquela de Avonlea. Tenho certeza de que nós dois passeamos por ela com bastante frequência.

Doutor Blythe:

– Sim, passeamos. E meu coração se entristeceu com bastante frequência depois que você deixou que outra pessoa caminhasse com você para casa na noite anterior.

Susan Baker (*detrás de suas costuras*) *pensa*: "A mera ideia de deixar qualquer pessoa caminhar com ela até em casa quando poderia ser o médico! Nunca tive um namorado de verdade, mas garotos *já* caminharam comigo até em casa diversas vezes. Não fui totalmente ignorada. Não parece ter importância alguma agora, mas, na época, tinha. Hoje em dia, as garotas perambulam com qualquer um".

QUARTO DE HÓSPEDES NO CAMPO

Velho amigo, esta noite és meu parceiro,
A luz do luar esbranquiça teu travesseiro,
O vento suave nos beirais canta
Sobre um local secreto que encanta...
Montanhas azuis que abrigam fontes cintilantes
Costas obscuras e de ondas calmantes...
E que um sopro de orvalho fresco
Venha te aprazer com seu modo burlesco.

Ainda haverá rumores frondosos
Da janela aberta em dias chuvosos.
E em meio ao silêncio poderás ouvir
A coruja cinzenta seu canto tinir,
Ou então avistar sem sair do chão
Vagalumes brilhando na escuridão...
E que aprendas e não te deixes esquecer
Que teu leito pode um ótimo amigo ser.

Anne Blythe

Doutor Blythe:

– Eu direi isso quando estiver esgotado. No entanto... Já estive em alguns quartos de hóspedes... Eca!

Susan Baker:

– Eu que o diga! Dizem que todos que dormem no quarto sobressalente da senhora Abel Sawyer, minha querida senhora, é condenado à morte com lençóis úmidos no verão e cobertas insuficientes no inverno. Bem, graças a Deus, ninguém pode dizer isso do nosso quarto de hóspedes aqui.

A SEGUNDA NOITE

A CASA NOVA

Branca como leite diante dos morros de vinhas,
Atrás dos álamos e suas folhas douradas
Você me aguarda; e eu trago guardadas
Suas chaves e sei que você é minha,
E todos os fantasmas seus que vejo
Dos dias e anos que ainda almejo.

Crepúsculos acinzentados pela chuva de abril,
As loucuras da lua do mês de agosto,
O canto de outubro tocando seu rosto,
Em dezembro, o temporal em seu peitoril,
Tudo deve você encantar e adocicar;
Embora ainda recente, é meu lar doce lar.

Nesta casa deve haver riso e choro,
Deve haver derrota e vitória,
Momentos de infâmia e outros de glória,
Euforia, apreensões e decoro...
Tudo isso deve se mesclar em seu íntimo,
Moldar sua alma e seu caráter último.

Serenatas entoadas em seu portão,
E noivas de branco descendo as escadas,
Garotas com cabelos adornados como fadas,
E pés dançantes bailando em seu chão,
Namorados suspirando em sua varanda,
E crianças no jardim a brincar de ciranda.

Os poemas dos Blythes

Deve haver reuniões em torno da lareira,
Encontros e despedidas, nascimento e morte,
Vigílias e prosas de toda sorte...
Tudo se acumulará pela vida inteira,
Uma moradia para quem em você habitar,
Casa querida, embora recente; meu lar, doce lar.

Anne Blythe

Doutor Blythe:

– Essa é a casa nova que o Tom Lacey construiu na estrada de Lowbridge? Eu a vi olhar para ela atentamente.

Susan Baker:

– Dizem que custou a ele mais do que ele um dia conseguirá pagar. Mas uma casa nova é interessante, e eu admito. Já pensei, algumas vezes... *(Para de falar, pensando que talvez seja melhor não expressar o que uma velha governanta pensa sobre casas novas.)*

LUCY MAUD MONTGOMERY

HINO DOS TORDOS

Quando os ventos distantes sopram suaves
Em meio às árvores do pomar,
Ouve-se o assobio dessas belas aves
Tais quais menestréis a cantar.
Quando o orvalho acumula, inerte e frio
No vale escuro e distante,
Os tordos entoam seu gracioso pio
Para cumprimentar a noite rompante.

Escute, ouça-os na clareira da mata
E nas florestas e praias!
Escute, ouça-os na sombra pacata
Da solidão das samambaias,
Onde pequenas fadas se ocultam
Para aprender as notas prateadas
Que sob o enlevo do ocaso avultam
Nas respostas igualmente entoadas.

Deve-se ficar contente ao ouvi-los:
Eles próprios se alegram;
Devem manter algo em sigilo,
Segredos que ao bosque se integram,
Alguma confidência que repetem sem cansar
Para nós enquanto a escuridão se instala
Quando ouvimos o tordo a cantarolar
O chamado que a vida embala.

Anne Blythe

Os poemas dos Blythes

Susan Baker:

– Eu realmente gosto de ouvir o assovio dos tordos no entardecer.

Anne:

– Às vezes, o bosque de bordos e o Vale do Arco-Íris parecem ganhar vida com eles.

Doutor Blythe:

– Você se lembra de quando eles costumavam cantar na Mata Assombrada e na Encosta do Pomar?

Anne, *melancolicamente*:

– Não me esqueci de nada, Gilbert... De nada.

Doutor Blythe:

– Nem eu.

Jem Blythe, *gritando à janela*:

– Colheres! Colheres! Diga, Susan, sobrou algum pedaço daquela torta? Eu gosto mais dela do que do canto de todos os tordos do mundo.

Susan:

– Isso é muito coisa de menino! Quem dera o Walter fosse mais assim.

NOITE

Uma lua pálida e enfeitiçada se põe lentamente
Por trás das dunas que contornam a escuridão campal;
Há uma luz estelar assombrando a corrente
Do mar imemorial.

Estou só e não há mais necessidade de fingir
Risada ou sorriso para ocultar o coração palpitante;
De mãos dadas com a solidão continuo a seguir,
Oculto e distante.

Caminhamos em uma estrada sombria pelo pantanal,
Onde as sombras entrelaçam feixes fantasmagóricos
E os ventos entoam uma canção ancestral
Que da tumba evoca seres históricos.

Sou irmã da beleza
De uma colina distante e da orla sob a aurora,
E nela encontro uma doce tristeza
De toda a dor de outrora.

O mundo do dia, sua amargura e aflição,
Não mais podem provocar-me ranço...
Saúdo esse enlace com a escuridão
Como o proletário saúda o descanso.

Anne Blythe

Os poemas dos Blythes

Doutor Blythe:

– Mais imaginação, suponho. Quando foi que *você* sofreu com um coração palpitante?

Anne, *repreensivamente*:

– Toda a minha infância, Gilbert. E quando pensei que você estava apaixonado por Christine Stuart. E... E... Quando a pequena Joyce faleceu. Você *não pode* ter esquecido, Gilbert.

Doutor Blythe, *arrependido*:

– Não, mas sempre penso em você começando a vida quando eu a vi pela primeira vez. O egoísmo do homem, você dirá, com razão. Mas as pessoas *de fato* esquecem porque precisam esquecer. O mundo não poderia seguir adiante se não esquecessem. E algo machuca alguém todos os dias, você sabe.

Susan Baker:

– Aquela farpa que eu arranquei da perninha do nosso amado Shirley hoje o machucou, pode ter certeza disso.

HOMEM E MULHER

O HOMEM

Amor, preciso ser o único com quem você um dia sonhou,
Nenhum pode ter me precedido em cativar seu coração;
Apenas meus são seus sussurros, apenas meu é o seu riso,
Jamais os beijos fantasmagóricos de outro nos separarão.

Apenas para mim seu rosto angelicalmente alvo corou,
Apenas para mim seus olhos de safira são dois amuletos;
Dama da névoa e da chama, diga que sou seu único paraíso,
E que mais ninguém se perdeu nas mechas de seus cabelos pretos.

A MULHER

Meu bem, de nada importa quem houve antes de mim,
Mulheres formosas, de beleza sem fim,
Cortejadas sob crepúsculos extintos, desejadas em noites esquecidas...
O único pedido que faço é que nenhuma exista depois de mim.
Preciso esvaziar a última taça, nem as borras me atrevo a deixar
Para nenhuma outra, rainha, cigana ou freira!
Diga-me que ninguém mais ouvirá seu "Eu te amo" sussurrado,
Diga-me que só eu serei sua pela vida inteira.

Anne Blythe

Doutor Blythe:

– Esse é o tipo de poema de que eu, decididamente, menos gosto. Mas suponho que devamos registrar tudo na nossa imaginação. Você realmente escreveu essas coisas, Anne?

Anne:

– Em Redmond. E é claro que era puramente fantasia e nunca foi publicado. Veja como o papel está amarelado! E você foi o primeiro, você sabe.

Susan Baker, *com firmeza*:

– A senhora pode achar que escreveu esse poema, cara senhora Blythe, mas *não* escreveu. Esse papel acabou misturado em meio aos seus e a senhora esqueceu. Então me atreverei a dizer que, até onde sei, não é muito digno. E tenho certeza de que o doutor concorda comigo.

Doutor Blythe, *fingindo seriedade*:

– Bem, como eu fui o primeiro... E não o Charlie Pye...

Anne, *jogando o papel amarelado no fogo*:

– Pronto, basta dessa sandice.

Os poemas dos Blythes

Doutor Blythe, *resgatando-o*:

– De forma alguma. Esperarei para ter certeza de que *sou* o último e como você se comportará como minha viúva.

Susan, *indo para a cozinha para começar os preparativos do jantar*:

– Se eu não soubesse que eles estão brincando, ficaria assustada. Mas não é possível imaginar qualquer um dos dois afeiçoando-se a outra pessoa. No entanto, dizem que o senhor Meredith se casará com Rosamond West... E ele é um verdadeiro santo. Este é um mundo desconcertante, e fico muito contente por não estar no comando dele, não importa o que a senhora Marshall Elliot diga sobre as coisas serem melhores se as mulheres estivessem na liderança.

A TERCEIRA NOITE

HÁ UMA CASA
QUE AMO

Há uma casa que amo
Próxima ao mar convidativo;
Não importa se outro lugar aclamo,
Meu lar é sempre altivo.

Cada cômodo é um amigo
Para todos que vêm e vão;
Conheço o jardim antigo:
Cada árvore e cada botão.

A menta silvestre na horta,
Os amores-perfeitos na janela,
O abeto que a mim reconforta
Sobre a relva mais bela.

Sábia como seu dono,
Lembrete das coisas mais belas,
Das luas do céu do outono,
Da chuva que ora nos brinda.

O riso nela habita
E a dança lhe faz companhia;
Não há casa mais bonita,
Ou que a mim sorriria.

Uma casa cheia de felicidade
Não se pode comprar ou vender,
Pois sua eterna mocidade
Jamais há de envelhecer.

Anne Blythe

Doutor Blythe:
– Essa é fácil... Green Gables.
Anne:
– Não totalmente... Nem na maior parte. É uma mistura de Green Gables com a Casa dos Sonhos e Ingleside. Reunidas, elas formam "a casa que eu amo", para mim.
Doutor Blythe:
– Você não acha, menina Anne, que ama lugares demais?
Anne, *suspirando*:
– Receio que sim. Mas, como diz a Susan, não se pode escapar de quem você é.
Doutor Blythe:
– Como me lembro dos abetos no morro da Mata Assombrada! E você tem razão quanto à casa ser "sábia" e "lembrete das coisas mais belas". Mas casas envelhecem, *sim*.
Anne, *delicadamente*:
– Não na memória.

OS POEMAS DOS BLYTHES

CANÇÃO DO MAR

Cante para mim
Sobre o mistério e o encanto do mar,
Sobre tesouros escondidos em cavernas escuras,
Os portos de sonhos e os navios partidos,
Dos beijos em lábios queridos,
Das sereias e sua candura,
Que procuram beijar
Amantes mortais a velejar,
No reino das fadas a abençoar,
E sobre o que existem além da nossa compreensão...
O ouro roubado do pirata fanfarrão!

Cante para mim
Sobre o horror e o encanto do mar,
Sobre as belas criaturas de quem roubou a vida...
Crianças instigadas, mulheres formosas,
De mechas cheirosas,
E bocas secas lamentando a partida;
Dos pobres corações que a água congelou,
Do homem tão robusto que nunca mais pisou
Em suas costas ferozes e brutais;
Príncipes e reis da terra, fantasmas imperiais!

Cante para mim
Sobre a beleza e o encanto do mar,
Suas flores de espuma e suas estradas anis,
Os berilos de coral e as ondas cintilantes,
O reflexo da lua distante
No seio das baías de águas gentis,
Os vastos refúgios noturnos,
Sombrios, austeros e taciturnos,
Com estrelas que iluminam o céu soturno,
E o regozijo do vento e suas rajadas
A brincar com as ondas quebrando na orla sob a alvorada!

Anne Blythe

Doutor Blythe:

– Acho que cometi um erro indelével ao me casar com uma mulher que escreve assim e prejudicar a carreira dela... Bem, de nada adianta a indignação, querida. Mas conte-me uma coisa: não foi a biografia do Capitão Jim a inspiração para esse poema?

Anne:

– Sim... E ficarei indignada, sim. Pensar que eu preferiria qualquer carreira a me casar com você! Eu me certificarei de jamais perdoá-lo.

Susan Baker:

– Não tenho educação suficiente para compreender todo o seu poema, cara senhora Blythe, mas a senhora pensa ser adequado para ler diante das crianças? Sereias ansiando por beijos e todo o restante? – *Acrescenta, baixinho*: – E não é um bom exemplo para o Walter, e não mudarei de ideia.

Doutor Blythe:

– Está na hora de todos irem para a cama. Tenho uma cirurgia complicada amanhã.

A QUARTA NOITE

LUCY MAUD MONTGOMERY

A UM ESTIMADO AMIGO

Tenho direito a você...
Em seu rosto, eu o vejo sábio, amável, leal,
Feito para a decepção imensa, a satisfação colossal,
Seremos mais ousados, seguindo juntos a jornada plena...
Sei que podemos ser jovens e velhos lado a lado,
Jogando o intenso jogo da vida com entusiasmo,
pouco importando o resultado
De perda ou de ganho, para que o mero jogo valha a pena.
Eu jamais seria amigo de todos... a amizade é muito valiosa
Para ser assim banalizada... mas a nossa é preciosa!

Sei que amamos as mesmas coisas...
Pequenas estrelas errantes, todo o êxtase eterno
De uma noite ventosa, em que nossos pensamentos
estão a salvo do mundo externo,
Todas as magias negras ou velhas florestas encantadas.
Podemos caminhar pela ampla estrada enquanto o ocaso se demora,
Ou quando o sol nos toca com os raios da aurora,
Ou trocar confidências sob o luar em noites desoladas.
Os outonos radiantes serão nossos, a neve imortal do inverno,
Noites que serão pérolas púrpuras, consolidando nosso amor fraterno.
Daremos um ao outro
O melhor presente de uma risada sem maldade,
Palavras cintilantes como gotas vermelhas do sangue da verdade,
Também arriscando o silêncio, porque temos confiança.
Seremos felizes quando as labaredas ronronarem e iluminarem,
Lamentaremos juntos quando as alegrias se dissiparem,
Quando nossos sonhos se resumirem a uma mera lembrança.
Velhos quartos serão ideais para nossas conversas animadas,
Jardins serão perfeitos para as caminhadas privadas.

Os poemas dos Blythes

Nós temos direito um ao outro...
Direito de saborear e assimilar as perdas e os ganhos
Direito à companhia nos momentos mais estranhos...
Ah, não haverá tempo suficiente para tudo que temos a compartilhar!
Já perdemos tanto nos anos que ficaram para trás,
Desfrutemos e aproveitemos agora esse nosso laço tenaz.
Aqui está minha mão... Pegue-a com franqueza...
Não há nada a recear...
Até a última tentação acenar, até nossos caminhos serem rompidos,
Você e eu continuaremos a caminhar, amigos unidos.

Anne Blythe

Doutor Blythe:

– Muito bom, Anne. Eu realmente não fazia ideia de que tinha uma esposa tão astuta. Meninos, lembrem-se de que não há nada melhor do que um amigo bom e leal. Um amigo como esse vale um milhão de conhecidos.

Walter, *pensando*: "Espero encontrar um amigo assim um dia".

Uma voz que ninguém ouve:

– Você encontrará. E seu nome será "morte".

Susan Baker, *pensando*: "Por que será que eu estremeci agora? Minha velha tia Lucinda diria que alguém caminhou por cima do meu túmulo".

A QUINTA NOITE

DIA DE VERÃO

Quando o leste pálido brilha como uma pérola rosada
E o vento lírico do amanhecer sopra nos prados,
A manhã surge como uma garota apressada
Dançando com as sombras de espíritos alados;
Brincando sobre o orvalho da grama,
Em meio aos pinheiros, espiando entre as ramas,
E o riso que nasce de infinitos regatos
Chega aos seus ouvidos no meio do mato.

Ela canta uma canção alegre e feliz
Com o coração transbordando euforia matinal,
Pede que esqueçamos os dias mais hostis
E todo o seu fardo de desalento mortal;
Seus delicados pés sobre a relva amiga
São brancos como as margaridas que a primavera abriga...
Uma ninfa virgem do bosque ela é...
Uma divindade envolta em um manto de fé.

O meio-dia é uma feiticeira sonolenta,
Papoulas semeadas em um vale assombrado,
Cortejando a todos com sua carícia lenta
Para com ela vadiar onde o vento sul é soprado;
Preguiçosamente, ela tece um feitiço divino,
Suave como uma canção e encantador como um sino;
Preguiçosamente, ela acena... venha comigo,
Hoje seremos dela, esqueçamos o perigo.

LUCY MAUD MONTGOMERY

Perfume de incenso, almíscar e rosas
Pairam no hálito de seus beijos de mel,
Toda a magia das tardes airosas
A nós pertence tal qual bênção do céu;
Ela nos oferece seu cálice de fantasias
Repleto com o néctar de lagoas vazias,
Sob o domo do plácido céu a brilhar
Nós bebemos e observamos o mundo passar.

As noites chegam como um anjo belo
Sobre os morros da glória ocidental,
Com a luz das estrelas adornando-lhe o cabelo
Em seus olhos luzentes, uma história divinal;
Caminhando graciosamente pelos campos,
Rodeada pela paz e pela luz dos pirilampos,
Trazendo junto ao peito alvo lembranças
Tão estimadas quanto inocentes crianças.

Sob os pinheiros ronronantes ela canta
Onde o orvalho límpido e frio cai sobre a terra,
Sua sabedoria revela e encanta,
Sua voz entoa como um grito de guerra.
Ela ensinará o mistério sagrado
Da escuridão que assola o terreno não cultivado,
E todos saberemos, antes de adormecer,
Que nossas almas serão suas ao anoitecer.

Anne Blythe

Anne:

– Devia ter assinado "Anne Shirley". Eu escrevi esse poema quando era adolescente.

Doutor Blythe:

– Então você já tinha aspirações poéticas na época e nunca me contou?

Anne:

– Escrevi quando morava na Residência da Patty. E não estávamos nos entendendo muito bem naqueles dois últimos anos, lembra? Você teria se casado comigo se soubesse?

Doutor Blythe, *provocando*:

– Ah, provavelmente. Porém ficaria totalmente apavorado. Sabia que você escrevia contos, mas poesia é outra história.

Susan, *entendendo tudo de forma literal*:

– Que ideia!

LEMBRADO

Em meio à balbúrdia da cidade consigo ouvir
O sussurro de um riso a tinir;
No campo e no mar, a escuridão a rugir;
Flores de macieiras na noite gelada
Fantasmas de névoa na rua enluarada,
E a lua nova se recolhe a chorar
Atrás de um morro que se pôs a rezar.

Eu havia esquecido o morro de abetos,
Com seu vento de escuridão soprando discreto,
Povoado pelas aves e pelos insetos.
Mas agora penso nele e sei
Que meu coração para sempre lhe dei;
Vento e estrelas lá são bons amigos
E duendes e fadas encontram seu abrigo.

As pessoas fogem por me acharem insana,
Mas pouco me importa essa ótica mundana;
Sombras e silêncios se encontram na paisagem serrana
Em torno de uma velha casa cinza que me faz suspirar
Em meio aos morros e clamando pelo mar,
Onde sob a magia do crepúsculo é possível
Encontrar o delicioso passado intangível.

Os poemas dos Blythes

Vermelhas são as papoulas nos campos germinados;
Esparramando sua seda pelos caminhos traçados,
Brancos são os lírios como morros nevados.
E as rosas que aguardam junto à porta aberta
Esperam por um novo momento de descoberta;
As campânulas tilintam um ritmo mágico
E do tempo ninguém será um escravo trágico.

Lá, eu poderia ficar novamente sozinha
Com a noite a zelar tal qual uma madrinha...
Voltarei para lá, para a casa minha.
Com os sonhos a me guiar, eu então partirei
Rumo ao morro que ora e ao lar que deixei,
Onde a natureza oculta, com seu manto florido,
Um segredo mais valioso que meu ouro corroído.

Anne Blythe

Anne, *rindo*:

– Escrevi esse poema há vinte anos, em Redmond... E nunca consegui que um editor o aceitasse.

Susan, *por cima do tricô*:

– O que demonstra a incompetência deles, cara senhora Blythe. Mas, por falar em flores de macieiras, receio que teremos uma colheita fraca neste ano. Quase não há botões.

Walter:

– Mas sempre há luas novas. Vi uma ontem à noite no Vale do Arco-Íris.

Susan:

– Admito que já vi morros que pareciam estar rezando. "Não seja tão fantasiosa, Susan", minha mãe costumava dizer. Mas, com relação aos duendes e às fadas, quanto menos contato se tiver com eles, melhor, na minha humilde opinião, cara senhora Blythe, mesmo que eles existam, o que não é verdade.

Walter:

– Como você sabe, Susan?

Susan:

– Porque eu nunca vi.

Walter:

– Você já viu uma pirâmide?

Susan, *surpresa*:

– Não há como passar a perna em você.

Doutor Blythe:

– A casa deveria ser verde, e não cinza, não deveria?

Anne:

– Sim, mas "cinza" me parecia mais romântico, na época.

Doutor Blythe:

– Lembro-me dos lírios de junho em Green Gables... Mas, quanto a ser escravo do tempo, todos nós acabamos sendo, de um jeito ou de outro, menina Anne.

Susan:

– Mas boa parte depende de quem é o seu patrão.

Jem:

– O ouro, seja corroído ou não, é uma coisa muito necessária neste mundo, mãe.

Susan:

– É muito sensato da sua parte.

Doutor Blythe:

– Desde que você não seja escravo dele, Jem. Talvez seja por isso que os editores não aceitaram seu poema, Anne. Eles não vislumbraram dinheiro suficiente para serem empáticos com o seu desdém pela riqueza.

A SEXTA NOITE

ADEUS AO ANTIGO QUARTO

Sob a luz do ocaso dourado
Preciso deixar meu quarto amado,
Dar adeus e a porta fechar
Para nunca mais retornar.
Palavras ternas minha boca dirá,
Meu coração se despedaçará,
Pois este quarto pareceu ser
Um bom amigo durante meu viver.

Sei como o sono era doce aqui...
E quantas vezes não permaneci
Desperta ao fruir a magnitude
Da chama encantada da juventude.
Risadas deleitosas aqui habitavam,
Sonhos que as noites de luar iluminavam,
E o êxtase quando a manhã surgia
Dançando no vale, espalhando alegria.

Aqui eu sempre me punha bonita,
Vestido rendado e cabelo com fita,
Perdendo-me em estampas de seda brilhosa
Sobre a pele alva, macia e cheirosa,
Eu me amava porque percebia
Que ele me amava de noite e de dia.
Aguardava sempre junto à janela
A chegada de sua habitante singela.

OS POEMAS DOS BLYTHES

Aqui me deitei ao lado da dor
No leito da angústia e do langor,
Também veio a morte me visitar,
Olhou-me nos olhos sem se demorar;
O bem e o mal, o sossego e a ferida,
Todas as maravilhas da vida,
Toda a sua glória sem fim
Aqui fizeram parte de mim.

Então me despeço com olhos marejados
De todos os bons anos aqui passados,
E, se a próxima pessoa que aqui se hospedar,
Agora que estou este quarto a deixar,
For uma garota, eu deixo para ela
Todos os sonhos da vida mais bela,
Lembranças de todas as fantasias
Dos fantasmas amigos e suas mãos frias.

Que ela tenha, assim como eu,
Alegrias imensas no quarto seu;
Alvoradas airosas, chuvas cantantes,
Horas serenas de momentos calmantes,
O vento silencioso nos galhos da mata,
Noites que a ninem com sua sonata,
E um quarto que ainda seja
O amigo que qualquer um deseja.

Anne Blythe

Doutor Blythe:

– Não é difícil adivinhar qual foi a inspiração para esse poema, Anne. Seu antigo quarto em Green Gables?

Anne:

– Sim, em sua maior parte. Pensei nele na noite anterior ao dia do nosso casamento. E cada palavra é verdadeira. Aquele quarto foi o primeiro que tive só para mim na vida.

Doutor Blythe:

– Mas você retornou lá várias vezes.

Anne, *melancolicamente*:

– Não, nunca. Eu já era uma esposa, e não uma menina, quando voltei. E ele *era* como um amigo para mim... Você não pode imaginar quanto.

Doutor Blythe, *provocativamente*:

– Você pensava em mim enquanto "fruía a magnitude da chama encantada da juventude"?

Anne:

– Talvez. E quando eu me levantava cedinho para ver o sol nascer na Mata Assombrada.

Walter:

– Eu adoro ver o sol nascer no Vale do Arco-Íris.

Jem:

– Não achei que você acordasse cedo o suficiente para isso!

Doutor Blythe:

– Você realmente "se punha bonita" para mim?

Anne:

– Depois que noivamos, é claro que sim. Eu queria que você me achasse o mais linda possível. E, mesmo durante os tempos de escola, quando éramos rivais, acho que queria que você me visse tão bonita quanto eu pudesse ficar.

Jem:

– Está dizendo, mamãe, que a senhora e o papai não se entendiam bem quando frequentavam a escola?

Doutor Blythe:

– Sua mãe pensava ter uma implicância comigo, mas eu sempre quis ser amigo dela. Tudo isso, no entanto, são águas passadas. Quando é que a morte foi lhe visitar?

Anne:

– Não foi a minha morte. Era na sombra da sua morte que eu estava pensando... Quando todos pensaram que você estava morrendo de tifo. Eu também pensei que fosse morrer. E, na noite em que ouvi que você tinha melhorado... Ah, foi então que fiquei acordada fruindo a "magnitude da juventude"!

Doutor Blythe:

– Certamente não tem comparação com a noite em que eu descobri que você me amava!

Jem, *privadamente, para Nan*:

– É quando o papai e a mamãe começam a falar assim que a gente descobre um monte de coisas que não sabia sobre o passado deles.

Susan, *que está preparando tortas na cozinha*:

– Não é lindo ver como eles se amam? Consigo entender boa parte daquele poema, por mais que seja uma velha solteirona.

O QUARTO ASSOMBRADO

O velho relógio tiquetaqueia atrás da porta,
As sombras espreitam de forma implacável,
A lenha da lareira torna o quarto
Um lugar aconchegante e agradável.
Um refúgio do vento indócil,
Um abrigo do mar infinito,
Mas neste crepúsculo silenciam
Os fantasmas deste mundo aflito.

Aqui, Dorothea ainda dança,
Aquela criança morena e vivaz,
Embora há muito tempo a poeira sepulcral
Tenha encoberto a juventude tenaz.
Aqui, Allan conta uma história de amor
Que provoca euforias ancestrais,
Embora os lábios de Allan estejam mudos e frios,
E seu coração já não bata mais.

Os POEMAS DOS BLYTHES

Aqui, as notas musicais de Will ainda
Seguem sua cadência fascinante,
Embora o velho violino na parede pendurado
Há muito não ressoe uma melodia dançante.
Edith e Howard, Jen e Joe:
Uma visita que acalma;
Ouço suas risadas e brincadeiras:
Até mesmo o riso tem sua alma.

Alegrias pulsantes e esperanças líricas,
Livres de qualquer arrependimento,
Rodeiam-me como a fragrância de violetas
Trazendo paz e alento.
E entre tudo que vem e que vai
Há um jamais preterido...
O espectro desbotado de
Um beijo não esquecido.

Anne Blythe

Doutor Blythe:

– Um beijo não esquecido! Um beijo de Roy Gardiner, presumo?

Anne, *indignada*:

– Roy nunca me beijou. E, em sua maior parte, o poema é pura imaginação.

Susan:

– Ah, não fale de beijos diante das crianças, cara senhora Blythe... Perdoe-me por interferir.

Jem, *privadamente para Diana*:

– Olhe só para ela! Como se nunca tivéssemos visto ou ouvido falar de um beijo!

Diana, *provocativamente*:

– Você já, de toda forma. Eu o vi beijar a Faith Meredith na escola, na semana passada... E a Mary Vance também.

Jem:

– Pelo amor de Deus, não deixe que Susan a ouça dizer isso. Ela pode me perdoar pela Faith, mas jamais pela Mary Vance.

Doutor Blythe:

– Sabe, Anne, tem um velho violino pendurado na parede de um salão em Upper Glen. Parece nunca ser tirado de lá. Muitas vezes, já me perguntei qual seria sua história, se é que existe uma.

Anne:

– Certamente existe. Você não sabe escrever coisa alguma, Gilbert, mas provoca emoções em algum lugar.

Susan, *para si mesma*:

– Eu poderia contar a eles a história daquele violino se quisesse. Mas não contarei. É triste demais.

OS POEMAS DOS BLYTHES

CANÇÃO DO INVERNO

Esta noite, a geada cobre o mundo todo com seu manto,
Os campos que amamos não conseguem esconder seu pranto,
E nossa floresta já não entoa mais seu canto.
Mas, ao entardecer, nós nos reunimos em torno da chama vermelha:
A primavera há muito se foi, o verão não passa de uma centelha;
Ao redor da lareira, amigos compartilham uma botelha.
Foram-se as violetas do vale, foram-se os narcisos e as rosas,
A música dos morros deu lugar às tardes ventosas,
Vales e rios secretos já não nos convocam com suas vozes saudosas.
Mas temos nossos livros surrados e nossos sonhos eternos,
Camas acolhedoras e abraços fraternos,
A chama do amor brilha até mesmo no mais frio dos invernos.

Anne Blythe

Doutor Blythe:

– A velha, velha chama do amor que foi acesa tantos anos atrás em Avonlea... E que ainda queima, Anne... Ao menos para mim.

Anne:

– Para mim também. E queimará para sempre, Gilbert.

Doutor Blythe:

– Há algo nesse seu poema de que eu particularmente gosto, Anne.

Susan, *para si mesma*:

– Eu também. É tão bom ter um teto sobre sua cabeça e uma lareira quente para se aconchegar em uma noite como esta...

A SÉTIMA NOITE

SUCESSO

Venha, seque o cálice que enfim toca nossos lábios,
Embora possa revelar o sabor salgado do choro;
Para isto, abdicamos da alegria da juventude,
Para isto, vivemos anos de paciência e decoro...
Que gosto terão as infusões que jorram destas fontes?
Bebamos aos montes!

Oh, nada tema... O cálice é de ouro!
Para isto, nós nos ajoelhamos diante da guarida,
Enquanto outros dançavam para os bons e alegres deuses!
Para isto, separamos o melhor vinho da vida,
Para matar essa nossa sede eterna e infernal
Ergamos o cálice sacramental!

Certamente compensará por tudo aquilo que perdemos...
Risos não ridos, doces horas de sono e amor,
Fomes insaciáveis e sonhos estéreis,
Como os anos dissimulados nos causaram dor!
Bebamos e ostentemos, quem saberá que é ilusão?
O preço não chega a um tostão.

Foi por este trago maldito que nós
Escambamos nossos bens preciosos e baixamos nossas vozes,
Conquistando por meio de tantos momentos galantes
Derrotas esplêndidas e vitórias atrozes?
Mas como brilham os diamantes, percebam!
Sejam corajosos, uma vez mais... E bebam!

Anne Blythe

Anne:

– Meninos, hoje eu escrevi um poema de que seu pai não vai gostar. (*Lê o poema.*)

Jem:

– Mamãe, o que a fez escrever isso? Tenho certeza de que o papai obtele muitas conquistas para a vida de vocês.

Anne:

– Ah, eu estava apenas expressando uma sensação, imaginando um homem que sacrificou tudo para obter certo tipo de sucesso e então descobriu que a vitória não valeu a pena, mas se recusa a admitir. Há muitos assim no mundo.

Jem:

– Não seria porque o desejo deles pelo sucesso era egoísta e seus sacrifícios de nada serviram no final?

Susan:

– Bem, o seu pai é um médico de muito sucesso e fez incontáveis sacrifícios. Tenho certeza de que ele não se arrepende nem considera que não tenham valido a pena.

Anne:

– É claro que não. Ele sempre quis ajudar as pessoas.

Walter:

– Não deixe que ele veja esse poema, mãe. Ele pode pensar que a senhora está falando dele.

Susan:

– Seu pai é inteligente o bastante, Walter. Ele entenderia o que sua mãe quis dizer. Eu mesma entendo, à minha humilde maneira. O velho Tom Scott, lá de Mowbray Narrows, passou a vida toda economizando e poupando dinheiro e negou tudo à família. E, em seu leito de morte, ele disse: "Acho que não valeu a pena, crianças. Vocês simplesmente gastarão o dinheiro divertindo-se". E foi o que eles fizeram. Mas a senhora e o doutor, cara senhora Blythe, já se divertiram muito e, ainda

Os poemas dos Blythes

assim, são bem-sucedidos. Acho que não perderam muita coisa, na minha opinião.

Anne, *sonhadoramente*:

– Quem dera Shakespeare tivesse um diário! O que será que *ele* pensava do sucesso? Lembro-me de que o velho Richard Clark, de Carmody, tinha o estranho hábito de repetir: "Quando eu encontrar Moisés no paraíso, eu perguntarei a ele, etc.". Então, quando eu encontrar Shakespeare no paraíso, há um milhão de perguntas que quero fazer a ele.

Susan:

– Pelo que me lembro do que aprendi sobre ele na escola, eu duvido muito que tenha ido para o céu. E, independentemente disso, Walter, quero que você se lembre de que, embora escrever poesia seja um ótimo entretenimento para uma mulher, não é uma ocupação decente para um homem.

LUCY MAUD MONTGOMERY

O PORTÃO
DOS SONHOS

Procuro um pequeno portão oculto
Que se abrirá para mim,
Porventura sob as nuvens do ocaso,
Ou sob o luar carmesim,
Ou em algum vale de luz e sombra
Que encontrarei na verdejante alfombra.

Uma mariposa estelar pode ser minha guia
Onde corre uma trilha sombria e sagrada,
Ou um ser amigável acenar para mim,
Fragrância e canção na mesma balada,
Ou um vento do oeste me encorajar
A seguir adiante sem pestanejar.

Ao seu lado brota uma única rosa,
Nutrida pelo orvalho ambrosiano;
Alguns dizem que é branca como marfim,
Mas eu sei que é de um vermelho profano,
E a Lembrança saudosa e a Esperança são
As sentinelas gêmeas desse portão.

Além dele, sob o céu cristalino,
Eleva-se meu castelo espanhol,
E todos os caminhos são ladeados de flores
Que brotam singelas sob o sol,
Enquanto uma música assustadora entoa
Palavras imortais que o vento ressoa.

Os poemas dos Blythes

Dias prósperos que jamais vivi
Por mim aguardam nessa terra,
E risos que de alguma forma perdi
Ecoam nessa serra...
Oh, busca dolorosa! Oh, fascínios medonhos!
Quando encontrarei meu portão dos sonhos?

Anne Blythe

Anne:

– Compus este na Trilha dos Amantes, quando estava dando aulas em Avonlea... Graças a você, Gilbert. Parecia haver tantos portões dos sonhos na época...

Susan:

– Pode me contar, por favor, cara senhora Blythe, o que é um castelo espanhol e se realmente havia um em Avonlea?

Anne:

– Um castelo espanhol é apenas algo que você espera possuir um dia. É só isso. O meu acabou sendo a nossa querida Casa dos Sonhos.

Doutor Blythe:

– A Trilha dos Amantes era um lugar muito agradável. Ainda é. O meu castelo espanhol parece ter sido o mesmo que o seu, Anne. E todos nos perguntamos, na juventude, quando encontraremos nosso portão dos sonhos.

Anne:

– Bem, nós encontramos o nosso após muitos desentendimentos.

Susan:

– Ingleside parece ser um castelo para mim, depois daquela infeliz copa da sua Casa dos Sonhos, que eu jamais esquecerei. Se castelos espanhóis têm copas tão boas quanto Ingleside, então eu aprovo.

LUCY MAUD MONTGOMERY

UM VELHO ROSTO

Calmo como uma colheita recém-ceifada,
Deitado sob a lua prateada,
Porém com rugas a rodear seu olhar,
Sábio, tolerante, fabular:
A beleza fora substituída
Por uma graciosidade fluida,
Conquistada na fantástica ardência
Da batalha eterna que é nossa existência.

Muitos anos de aventura e gozo
Compuseram este histórico maravilhoso:
Estrelas de tantos romances antigos,
Conquistas e aplausos, perdas e castigos;
Muitos dias de um pavor hediondo,
Vieram e se foram após o estrondo;
Agora este rosto é maduro e contente,
São, um pouco triste e muito paciente.

Amigo da vida, mas sem nenhum medo
Da escuridão do fim do enredo;
Sabe que é preciso acolher sem vaidade
A alvorada da eternidade,
Observar a Visão Secreta a se pôr
Por detrás do monte superior...
É uma esperança ousada querer ser
Assim, desse jeito, quando eu envelhecer.

Anne Blythe

Os poemas dos Blythes

Doutor Blythe:

– Um dos seus melhores, Anne. E acho que conheço a inspiração. O velho Capitão Jim, não é?

Anne, *melancolicamente*:

– Em partes. Mas havia outras também... todas misturadas.

Susan:

– Lembrou-me de um tio da minha mãe.

Doutor Blythe:

– Você realmente acha que a vida é uma "batalha eterna", Anne?

Anne, *sorrindo*:

– Partes dela são, você não acha?

Susan, *para si mesma*:

– Bem, nunca tive beleza alguma para perder, então, nesse sentido, envelhecer não faz diferença para mim. E se aquele senhor esquisito que as pessoas chamam de "Lua de Bigode" envelhecer, ele também não perderá muita beleza. Ele é, contudo, bastante fantástico.

PARTE DOIS

*Walter Blythe era o poeta da família em Ingleside.
Sua mãe aprovava suas ambições; os demais
as enxergavam como o "interesse passageiro"
de Walter, e Susan Baker as desaprovava fortemente.
A Primeira Guerra Mundial chegou. Todos os garotos Blythes
foram, e Walter foi morto em Courcelette. Ele tinha destruído
a maioria de seus poemas antes de ir para o outro lado
do mundo, mas deixou alguns com sua mãe.
A senhora Blythe ocasionalmente lia alguns de seus próprios
versos para a família à noite e passou a incluir os de Walter
de vez em quando, em parte para manter a memória dele
totalmente viva no coração de seus irmãos e irmãs,
em parte para agradar Susan, que agora estimava
cada verso dos escritos de Walter.*

MAIS UM CREPÚSCULO EM INGLESIDE

LUCY MAUD MONTGOMERY

INTERLÚDIO

Hoje, o vento de um sonho
Soprou no rouco jardim;
Ouvi um riacho medonho
Aos risos abaixo de mim.

Senti as gotículas d'água
Tamborilando-me a fronte,
Sei que o vento carrega a mágoa
Para muito além do horizonte.

Eu vi uma luz praiana
Em meio às dunas prateadas,
Onde a areia emana
A magia das noites enluaradas.

Eu vi um navio sombrio
A caminho do litoral,
E senti em meu lábio frio
Um beijo sentimental.

Caminhei novamente ao lado
Da Noite, feiticeira bandida,
Até o amanhecer dourado
Trazer de volta a alegria perdida.

Oh, vento do sonho, continue a soprar,
Pois na minha lembrança se demora
A pressão fantasmagórica a evocar
Aquele beijo de outrora.

Walter Blythe

Os poemas dos Blythes

Jem Blythe:

– Fico pensando se o pobre Walter chegou a beijar uma garota na vida.

Faith Meredith, *baixinho*:

– Sim, ele deu um beijo de adeus em Una antes de partir.

Rilla Blythe:

– Mas esse poema foi escrito antes disso, então devia ser um beijo fantasioso.

Susan Baker, *entristecida*:

– Lembro-me do dia em que ele escreveu isso, lá naquele bosque de bordos. Eu o reprimi por estar perdendo tempo enquanto Ian Flagg o desbancava nos exames de aritmética. Ah, quem dera eu não o tivesse reprimido!

Nan Blythe:

– Não chore, Susan. Todos fazemos coisas que desejamos não ter feito. Eu também costumava perturbar o Walter porque ele escrevia poesia.

VENHA, VAMO-NOS

Campos agradáveis que a primavera toca,
Repletos de sombras e da paz que ela evoca;
Ovelhas brancas repousam nos morros verdejantes,
Jardins que abundam de cores vibrantes;
Jardins antigos, prazenteiros, delicados,
Há tanto tempo profundamente amados.

Pinheiros encobertos pela neblina matinal,
Vales e praias de beleza colossal,
Brisas passageiras que ronronam e cantam
Ao lado do rio sob o ocaso encantam,
E um lugar silencioso próximo a um riacho escondido
Que abriga um sonho jamais esquecido.

Uma trilha pontilhada por estrelas prateadas,
Descendo até os prados de pastagens sombreadas,
Onde as bétulas brancas como a lua brilham
Como damas prateadas que suas harpas dedilham,
Até uma casinha onde poderei de bom grado
Viver por um tempo no passado.

Os poemas dos Blythes

E eu sentirei, enquanto caminho lentamente,
O perfume das violetas sob o sol poente,
Ouvirei quando parar à porta aberta
O chamado das ondas que nas praias desperta,
E sei muito bem que saudade não sentirei
Do beijo que no vento litorâneo dei.

A noite gentil será boa comigo,
A varanda coberta de hera será meu abrigo,
Na velha escada de pedras e no peitoril da vidraça
A esperança da juventude não se faz escassa,
E eu hei de encontrar nos degraus sob o breu
O segredo de paz que o mundo perdeu.

Anne Blythe

Doutor Blythe:

– Você estava pensando nos tempos de Avonlea quando escreveu isso, não estava, Anne?

Anne:

– Em partes... E em partes no segredo de paz que o mundo perdeu. Nada é o mesmo desde a guerra, Gilbert. Nada mais voltará a ser o mesmo.

Doutor Blythe:

– Não. Mas nós sabemos que nosso filho deu a vida por seu país. E ainda temos a paz e o amor em Ingleside, minha querida.

LUCY MAUD MONTGOMERY

UM DIA DE JUNHO

Venha, pois o dia nasceu para sonhar,
Um dia de junho para aventureiros.
Já basta de sofrer e de se preocupar,
Aqui, onde o vento oeste sopra ligeiro;
Nós esqueceremos o cansaço e a idade,
Nós esqueceremos toda a vaidade,
Apenas nos lembraremos da pequena rosa silvestre
E do encanto de uma nuvem na paisagem campestre.

Apenas nos lembraremos do prado extenso
E da paz abundante do céu azul imenso,
O brilho verde das folhas, a sombra das arvoretas,
As mariposas e as borboletas.
Afastaremos o medo e abraçaremos a esperança,
Caminharemos sem rumo em nossa andança,
Sem nos preocupar com um teto opressor
Até declarar pela lua nosso amor.

Adeus para os dias de labuta solitária,
A lamúria e a aflição da luta diária;
Nosso será o mel itinerante para saborear
E em nossos corações a pureza há de habitar.
Vadiaremos nós em riachos perolados,
Como se os relógios do mundo fossem todos parados,
Marcharemos nós com o vento nos pinheiros,
Do mês de junho somos os aventureiros!

Walter Blythe

Os poemas dos Blythes

Doutor Blythe, *pensando*: "Versos comuns... Mas o garoto era mesmo especial. Sempre pareceu mais velho do que era. Por que será que os jovens sempre gostam de escrever poesias sobre a velhice e o cansaço? Walter tinha todo o amor de sua mãe pela natureza".

Susan Baker, *pensando*: "Eu também gostaria que os relógios do mundo todo fossem parados. E gostaria de nunca ter aberto a boca para reprimir o Walter por escrever poesia".

Jem Blythe (*baixinho para Faith Meredith*):

– Minha mãe costuma ler os poemas do Walter para nós de vez em quando. Será que isso é bom para ela?

Faith (*baixinho*):

– É, sim. Apazigua uma dor antiga. Você acha que, se não tivesse voltado daquela prisão alemã, eu não teria estimado e relido todas as cartas que você me escreveu?

LUCY MAUD MONTGOMERY

VENTO DO OUTONO

Caminhei airosamente com o Vento do Outono pelas montanhas,
Onde Homenzinhos de Verde podem ser vistos na paisagem crua,
Por trilhas de pinheiros que deveriam levar a terras estranhas,
Terras encantadas entre o sol e a lua.

Talvez eu tenha encontrado os Velhos Deuses nesses lugares sagrados;
Acho que eles me espiavam e riam enquanto eu prosseguia,
Os pequenos faunos e sátiros se escondiam em locais assombrados,
Aonde o Vento do Outono me levou naquele dia.

A harpa envenenada entoava, vinho imortal para beber,
Ah, éramos velhos amigos, o vento galante e eu,
E de mãos dadas caminhávamos sob o céu do anoitecer
Entre nuvens apressadas em meio ao breu.

E, ah, meu sono foi tranquilo naquela noite até a alvorada,
Quando todos os meus belos sonhos escapuliram apressados,
Pois o Vento do Outono estava a ecoar sua chamada,
"Vem me acompanhar, já estamos atrasados".

Walter Blythe

Rilla:

– Essa era a visão que Walter tinha do vento. Ele costumava adorar ouvi-lo assoviar lá no Vale do Arco-Íris. E pensar que ele realmente acreditava em "Homenzinhos de Verde", Susan... Quando era criança, de toda forma.

Susan, *com determinação*:

– Mas não nos velhos deuses, em qualquer momento, Rilla. Você jamais conseguirá me convencer de que Walter era um pagão. Ele ia à igreja e frequentava a escola dominical todo domingo e gostava.

Doutor Blythe:

– Isso porque ele não precisava caminhar no vento com a mesma frequência que eu antes de surgirem os automóveis! Bem, eu também amava o vento quando era garoto. Lembra que ele costumava ronronar lá na Trilha dos Amantes, Anne?

Anne:

– Como se eu pudesse esquecer de qualquer coisa relacionada à Trilha dos Amantes! E me lembro, também, de como o vento costumava soprar violentamente pelo Porto enquanto eu esperava você chegar na nossa Casa dos Sonhos. Você lembra, Susan?

Susan, *fervorosamente*:

– Claro que me lembro!

LUGARES
SELVAGENS

Oh, esta é uma alegria que não se pode
Comprar ou vender em nenhum mercado,
Onde as florestas entoam seu chamado
E cantarolam sua bela ode,
E toda cicuta é uma chama nua
Do lânguido fogo da lua.

Pois música haveremos de ouvir:
O clamor selvagem do vento errante,
Que busca pelo misterioso viajante,
Um trompete solitário a bramir,
Ou lamentando sua canção soturna
Na escuridão noturna.

E existem cores na mata...
O roxo imperial da velha realeza...
O rosa incendiário do amanhecer... toda a beleza
Primaveril de vales e cascatas,
Os ramos vermelhos dos pinheiros... e o silêncio profundo
Dos abetos moribundos.

Os poemas dos Blythes

E nós conheceremos, como bons amantes,
A chuva galante, o fascínio sedutor
Do riacho malicioso e do pântano opressor,
As risadas ocultas penetrantes,
Como se os deuses de outrora
Brincassem em meio à flora.

Pois esses lugares selvagens nos contam
Mitos alegres de duendes e fadas,
E creem firmemente nas palavras versadas
Sobre o povo de verde e tudo que aprontam...
Oh, que medo antigo nos incute...
Cale-se... Ouça... Escute!

Walter Blythe

Anne, *suspirando*:

– Walter sempre amou a mata. Ele adorava o Vale do Arco-Íris e as tundras de Upper Glen!

Susan, *baixinho*:

– Eu, volta e meia, questiono os propósitos do Senhor. Gostaria de saber por que Ele cria uma mente que consegue escrever coisas assim e, então, permite que padeça.

POR SI SÓ

Eu estimo o amor, mas meramente por si só,
Não espero conquistar o teu, mas ainda padece,
No fundo de meu coração, seu inexorável nó:
Nem se esquecer eu pudesse
Assim escolheria. Eu me rendo com ardor,
Prisioneiro de uma dor que sobrepuja qualquer alegria:
Por seu pesar e sua doçura, eu amo o Amor
E seu servo seria!

Anne Blythe

Doutor Blythe, *pensando*: "Lembro-me de ter expressado meus sentimentos com bastante clareza quando pensei que Anne se casaria com Roy Gardiner. Estranho como Anne passou a escrever muito mais poesias desde a morte de Walter. Parece que, de alguma forma estranha, o dom de Walter foi transmitido a ela, em vez do contrário. Bem, ouso dizer que se trata de algum escape para a dor que sentimos quando pensamos nele".

OS POEMAS DOS BLYTHES

A MUDANÇA

Não há diferença nesta manhã singular
Entre o ontem e o agora...
As papoulas continuam a desabrochar
Nos campos nebulosos sob a aurora.

O vento oeste, com seu canto gentil,
Ainda é amigo dos amantes,
E o rio abraça com seu braço anil
Os morros verdejantes.

A rosa que sob o crepúsculo abria um sorriso
Ri com a mesma euforia inveterada,
Mas, pálida e doce como os lírios do Paraíso,
Uma fugaz esperança morreu na noite passada.

Anne Blythe

Doutor Blythe:

– Lembro-me do dia em que a minha "fugaz esperança" de conquistá-la morreu, Anne.

Anne:

– E eu me lembro da mesma coisa.

Una Meredith, *pensando*: "Lembro-me de quando a minha morreu... Quando recebemos a notícia da morte de Walter".

Susan Baker, *pensando*: "Lembro-me da noite em que finalmente decidi que precisaria ser uma velha solteirona. Será que o Lua de Bigode sentiu que suas esperanças morreram depois que eu o persegui pelo gramado com a panela de tintura? Até onde sei, escrever poesia é simplesmente colocar em palavras rimadas o que todos sentem. Por que eu não pensava nessas coisas quando vivíamos na Casa dos Sonhos? Ah, não havia nenhum indício de guerra na época, e Walter nem sequer era nascido ou cogitado. Será que a cara senhora Blythe está pensando em Walter ou na pequena Joyce? Não, ela não parece tão triste assim. Esse é apenas um dos poemas que ela escreveu só para se entreter".

Os poemas dos Blythes

EU CONHEÇO

Eu conheço um vale de violetas, um esplendor doce e estrelado;
Ao lado de um riacho nuvioso a cantarolar para o vento,
Onde os álamos sussurram sedutoramente e as bétulas do prado
Contam histórias de façanhas élficas de que ninguém tem conhecimento.

Eu conheço uma pequena trilha que atravessa a montanha enevoada,
Onde coelhos tímidos me espiam por debaixo dos arbustos,
Onde se avistam lumes e brilhos e lampejos de borboletas amalucadas,
E os cenários por todos os lados são cativantes e robustos.

Eu conheço um morro onde posso ouvir o chamado dos pinheiros,
Do vale à orla, à duna dourada e ao mar eterno,
E conheço uma várzea rubra onde o sol se põe ligeiro;
Há uma casinha a esperar por mim como um abraço fraterno.

Walter Blythe

Rilla:

– Walter também escreveu esse pensando no Vale do Arco-Íris. O Vale aparece em quase todos os poemas que ele escreveu.

Jem:

– Mas e a tal "casinha"?

Rilla:

– Ah, eram Ingleside e a mamãe, na verdade. Mas ele pensou que "casinha" era mais romântico. Não se pode ater-se estritamente aos fatos na poesia.

Susan:

– Nem em qualquer outra coisa, eu acho. Já vivi o suficiente para ter aprendido isso. Existem coisas que são mais verdadeiras que fatos, como a cara senhora Blythe me disse certa vez.

A SEGUNDA NOITE

OS POEMAS DOS BLYTHES

O VENTO

Pelos caminhos do vento eu segui,
E sua voz élfica cantarolou para mim,
Ao longe e de perto, seu chamado eu ouvi,
Em notas doces que ecoam sem fim.
Vento do leste e vento do oeste,
Amo o que soprar sob o céu celeste,
Vento da noite e vento do dia
Sempre me trazem igual alegria.

A mim veio o vento dos mares salgados,
A dissipar a acidez de seu hálito marinho,
Envolvendo em feitiços amaldiçoados
Aqueles que seguem seu caminho.
Contou-me histórias de assombrações,
Do sumiço de mil embarcações,
Contou-me os mistérios de litorais nevoentos,
Onde as ilhas são de puro encantamento.

De uma solidão oscilante como a maré,
O vento da perda a mim se apresentou,
O vento da perda onde o homem não é,
Pela trilha das estrelas, até mim chegou.
Falou-me aos sussurros de uma terra crua,
Vastidões de areia banhadas pela lua,
Quietudes magníficas nos crepúsculos implacáveis.
O silêncio das tardes e as manhãs indomáveis.

LUCY MAUD MONTGOMERY

A mim veio o vento do extenso morro verdejante,
Um vento vadio de corpo e alma;
Brade ou sussurre ao ouvido do viajante,
Em sua voz podem-se ouvir a coragem e a calma.
Um vento frenético que sabe muito bem
Onde as fadas montanhosas sua morada mantêm,
Um vento que conhece a busca de um mortal
Deve conduzi-lo ao portão abissal.

Mas eu amava mais o vento da campina,
Com sua canção benfazeja a retinir na vidraça,
O vento pátrio que a casa anima,
Amizade e amor eram sua graça.
Vento do jardim de ervas ardentes,
Vento da meia-noite, vento do sol poente,
Vento da campina, venha até mim soprar,
Onde quer que minha lareira esteja a queimar.

Anne Blythe

Os poemas dos Blythes

Doutor Blythe:

– Eu sempre gostei do vento, como acho que já comentei antes.

Susan:

– Não posso dizer o mesmo. Parece tão sombrio à noite, uivando nos beirais.

Jem Blythe:

– Gosto do verso sobre a "minha lareira", mãe. Quando eu estava nas trincheiras, costumava pensar no vento soprando do Porto na direção de Ingleside.

Doutor Blythe:

– Seu poema me lembra curiosamente dos de Walter, embora seja, de certa forma, bastante diferente. Acho que esse é um dos seus melhores esforços, menina Anne. O fato de você conseguir escrever tão bem demonstra que a ferida está sarando.

Anne, *com tristeza*:

– Mas a cicatriz estará lá para sempre, Gilbert.

Doutor Blythe:

– Sim, como em todos nós. Não pense que não sei disso, querida.

A NOIVA SONHA

Amor, é a alvorada que nasce tão cinza,
Como um fantasma acanhado,
Todo pálido e encolhido, após a doce noite silenciosa,
Vivida e usufruída em grau estremado
Em sua euforia airosa!
Amor, abraça-me forte, pois tenho frio,
Um frio sepulcral,
E meu rosto ainda deve exibir a mancha do bolor sombrio...
Eu tive um sonho enquanto estava deitada
Perto do seu coração... Em meu sonho, eu morria
E era enterrada bem no fundo de uma cova fria,
Ao lado da velha igreja, no quintal.
(Ah, o sonho foi terrível!)

Em meu túmulo jazia uma rosa de um vermelho lustroso,
Vermelho como o amor.
O mundo estava tomado pelo riso da primavera...
Eu o ouvi lá de meu leito impiedoso...
Os passarinhos cantavam nas árvores com ardor,
O vento estava contente com o céu viçoso,
Com suas nuvens peroladas a passear,
E as belas sombras que se punham a piscar
Como pensamentos frenéticos deveras.

Os poemas dos Blythes

Você me enterrara no vestido do casamento
De seda e renda...
Meus cachos pretos arrumados para o evento,
Mas minha boca, eu sabia, era branca e horrenda,
E o buquê outrora belo e cheiroso
Estava molhado e viscoso.
(Impeça-me de morrer, oh meu amado!)

Ainda assim, embora a terra estivesse a me corroer,
Eu podia ver... Eu podia ver
As pessoas passar pela porta da velha igreja;
Esposas, mães e jovens em um passo apressado,
Elegantes e garbosas, coradas e seguras,
Algumas a cumprimentar com lágrimas suas sepulturas,
Mas à minha, somente Margaret, a velha louca,
Que riu para si mesma ao ler meu nome com sua voz rouca,
Um riso maligno e mascarado,
Que atinge como uma adaga o coração que fraqueja.

Vi entrar a velha solteirona dissimulada,
Que jamais amara ninguém...
Dois irmãos que muito se odiavam...
Mister Jock, com sua pele amarelada...
Uma garota com um olhar inocente e incomum...
Uma jovem esposa com uma criança doentia...
E Lawrence, o homem que nunca sorria
Com os lábios, mas sempre debochava com o olhar.
(Oh, amor, o túmulo muito nos faz pensar,
Eu sabia por que ele debochava!)

LUCY MAUD MONTGOMERY

Então, senti uma euforia, enquanto a terra úmida cedia
E eu sabia... Ah, eu sabia
Que era dos seus passos, a percorrer os vales cálidos,
Meu coração quase começou a bater!
E você passou com outra noiva ao seu lado
Orgulhoso da aliança que em seu dedo havia colocado...
Aquela garota alva e esguia que mora no moinho,
Que sempre o amou e sempre estará em seu caminho,
Com os cabelos louros pelos ombros a escorrer
E os lábios vermelhos, enquanto os meus estavam pálidos.

Como eu a odiei, tão alta e formosa,
De mechas sedosas...
Amor, sou tão pequena e vil!
Meu coração, que um dia bradara como um pássaro primaveril,
Ao ver você tornara-se pedra em meu peito;
Você não olhou para mim em momento algum,
Apenas para ela você olhava e a beijava,
Com os olhos fixos naquele rosto que idolatrava...
Meus olhos estavam murchos como que em jejum
E os vermes rastejavam pela pedra dura do meu leito...
(Impeça-me de morrer, oh, meu amado!)

Amor, abraça-me forte, pois tenho frio!
Era apenas um sonho... e, como sonho, desapareceu.
Beije-me e aqueça-me o corpo todinho,
Arranca a mácula sepulcral deste rosto que é seu,
Beije meu cabelo preto que a terra não engoliu...
Não sou tão graciosa quanto a garota do moinho?
(Ah, o sonho foi terrível!)

Anne Blythe

Doutor Blythe:

– Menina Anne, não tenho intenção alguma de interferir em qualquer coisa que você escreva. Mas isso não é um tanto mórbido?

Susan, *baixinho*:

– Ela nunca escrevia assim antes da morte do Walter. Gostaria de ter frequentado a escola por mais tempo, aí, quem sabe, eu entenderia. E nunca menosprezei os sonhos desde os sonhos da senhorita Oliver na guerra. Mas eu realmente acho que Absalom Flagg poderia ter esperado um pouquinho mais antes de se casar novamente. Fico me perguntando se a cara senhora Blythe estava pensando nele e em Jen Elliot. Quanto à velha solteirona que nunca amou ninguém, bem, já passei da fase de me importar. A senhora Blythe não pretendia magoar meus sentimentos e tenho certeza disso.

Anne:

– O poema todo foi resultado de uma história que ouvi muito tempo atrás.

Doutor Blythe:

– É que não parece você, não parece minha menina Anne dos velhos tempos em Avonlea, é isso.

Anne, *tentando não rir*:

– *Você* se casaria tão rápido assim se eu morresse, Gilbert?

Doutor Blythe, *realmente rindo*:

– Mais rápido, se Susan me aceitasse. Não está na hora do jantar?

Susan:

– Está pronto, bem como a sua torta preferida.

Doutor Blythe, *pensando*: "Acho que está na hora de Anne viajar para algum lugar".

CANÇÃO DE MAIO

Sobre o mar ensolarado
Retornam os pássaros cantantes,
Viajantes livres e alados,
Atravessando fronteiras distantes.

Os ventos sopram de soslaio
Em cada morro ou cidade,
Os alegres malandros de maio
Para brincar onde lhes der vontade.

Odores solares, doces e silvestres,
Como lembranças antigas,
Preenchem vazios terrestres,
Abrandam impasses e intrigas.

As manhãs são belas e claras
Até o meio-dia cristalino,
A magia da noite ampara
Com seu luar doce e felino.

A música abunda no mundo...
Como corações de pássaros mudos...
Para nós o alento é profundo
Em lhe dar uma voz de veludo.

Os poemas dos Blythes

A alegria de maio para nós,
De cada canção sincera...
De que importa o cabelo branco atroz?
Ninguém é velho na primavera.

Ninguém é velho e pungente,
A alma, aqui, é imortal...
Ficaremos apenas loucos e contentes,
Com o jovem ano feliz e irracional!

Walter Blythe

Susan Baker:

– Eu costumava pensar que ninguém podia ser velho e descontente na primavera, mas descobri que estava errada.

Rilla Ford (*que está visitando a família*):

– Walter também escreveu esse poema lá no Vale do Arco-Íris. Ah, são tantas lembranças... Mãe... Mãe!

Anne:

– Rilla, querida, Walter partiu para a primavera eterna. Todos nos sentíamos como ele costumava se sentir. E talvez ele tivesse razão. Os anos ainda são felizes e loucos em maio... Apenas nós é que mudamos.

A TERCEIRA NOITE

OS POEMAS DOS BLYTHES

ALMA DE PARTIDA

Escancarem a porta e abram a janela
Para aquela que se vai
Na noite que na orla se revela
Como um rio escuro que a vida subtrai;
A angústia rítmica da batida de nossos tristes corações
Não deve impedir alma alguma de partir com suas canções.

Ouçam como as vozes do vento espectral
Clamam por sua chegada!
Quantos parceiros de aventuras ela encontrará, afinal,
Quando chegar de sua jornada
Pelo pântano estrelado e o vale cretino?...
Soltem-na e permitam que siga seu destino.

Escancarem a porta e abram a janela...
O chamado está mais claro!
Do que nós, que tão queridos fomos para ela,
Há alguém mais caro
Quando seu amado amante, a Morte, por ela espera;
Devemos nós abraçá-la com as lágrimas de quem esmera.

Anne Blythe

Doutor Blythe:

– Vou proibir você de escrever esse tipo de poema, Anne. Já vi mortes demais...

Susan:

– E o senhor já viu alguém morrer quando não havia nenhuma porta ou janela aberta, doutor? Ah, sim, pode chamar de superstição, mas fique atento de agora em diante.

Anne, *baixinho*:

– Walter escreveu os dois primeiros versos antes de... partir. E... eu achei que seria bom terminá-lo.

OS POEMAS DOS BLYTHES

MINHA CASA

Eu construí uma casa para mim no final da rua
Onde os pinheiros altos se alinham em uma fila,
Com um jardim ao lado em que, nos amores-perfeitos
E narcisos roxos e dourados, a abelha sibila;
Tem janelas pequeninas, uma porta sempre aberta
Com vista para a longa trilha que desce das montanhas,
Onde o sol pode brilhar em meio ao entardecer azul do verão,
E nas noites de inverno, frias e estranhas,
Acenar em cumprimento a todos que estão a perambular...
É uma bela e agradável casinha, mas ainda não é um lar.

Requer o banho do luar prateado e turvo,
Requer névoa e uma capa de chuva cinza,
Requer o orvalho do crepúsculo e o vento da alvorada
E a magia incomparável da geada ranzinza;
Requer um cachorro que lata e abane o rabo,
Requer gatinhos a brincar e ronronar,
Requer tordos vermelhos que assobiem e cantem
Nos pinheiros sob o sol a baixar;
Requer temporais e tardes ensolaradas dia após dia
E pessoas que a amem na adversidade e na alegria.

LUCY MAUD MONTGOMERY

Requer rostos como flores nas janelas e nas portas,
Requer loucuras, diversão e segredos,
Requer amor em seu cerne e amigos ao portão,
E boas noites de sono quando o dia encerrar seu enredo;
Requer riso e felicidade, requer canções exultantes,
Nas escadas, no corredor, por todos os lados,
Requer namoros, casamentos, funerais e nascimentos,
Requer lágrimas, requer tristezas e enfados,
Contente consigo mesma, mesmo com o tempo a passar,
Oh, são necessárias muitas coisas para uma casa ser um lar!

Walter Blythe

Doutor Blythe:

– Curiosamente parecido com o espírito do seu poema "A casa nova", Anne, embora eu não ache que essa tenha sido a intenção dele.

Diana:

– Não, ele estava, na verdade, descrevendo Ingleside. Ele me mostrou nosso poema antes de... partir.

LEMBRANÇAS

Uma janela com vista para o mar
Sob a lua enevoada,
Folhas douradas dos galhos a despencar,
Ou o azul das tardes ensolaradas,
O murmúrio das abelhas em sua dança
Nas conhecidas árvores da vizinhança.

Um vento salgado lamuriando no escuro
Do outro lado da enseada,
Em meio ao emaranhado de pinheiros obscuros
E das bétulas brancas desconfiadas
Que no prado distante dormitam,
Onde os silêncios e os sussurros habitam.

Um portão pequenino, uma trilha que vagueia
Por entre samambaias, hortelãs e louros,
Os sorrisos mudos das ondas na areia
Sob o crepúsculo de ouro.
O entardecer suave na costa,
Uma voz que não mais dará resposta.

Anne Blythe

Doutor Blythe, *pensando*: "Não há pinheiros por aqui ou em Avonlea, então Anne tirou isso de sua imaginação... E 'abetos' não rimaria muito bem. Mas ela menciona as bétulas em quase todos os poemas que escreve. Não me admira. São árvores lindas. Todos os versos desse poema carregam uma lembrança para mim".

Susan, *pensando enquanto seca uma lágrima por trás do bordado*: "Ela estava pensando em Walter quando escreveu esse último verso. Não posso deixar que ela me veja chorar. Quanto às abelhas, são criaturas esquisitas. Meu avô vivia de criá-las e nunca foi picado na vida, ao passo que minha avó não podia se aproximar de uma colmeia que acabava picada. Não devo pensar nessas coisas, ou então chorarei como um bebê".

A QUARTA NOITE

CREPÚSCULO CANADENSE

Um céu ocidental de névoa avermelhada
Florescendo em estrelas sobre o mar,
Esparramando a misteriosa escuridão prateada
Para além das longas dunas cinza a serenar,
Onde a grama litorânea e as papoulas abundam
E juntas uma doce solidão silvestre fecundam.

Sete álamos esguios no morro ventoso
Falam uma língua perdida de tempos remotos,
Ensinada pelo povo mágico que habita o formoso
Campo de margaridas ao qual são devotos,
Sempre resguardando até a morte
O ritual mágico de nossas florestas do norte.

A escuridão nos corteja como uma flor perfumada
Levando-nos a lagoas juncosas e a antigas árvores sensatas,
A canteiros de especiarias em hortas abastadas,
E à austeridade dos abetos no meio das matas.
Já conheço o fascínio do ocaso, mas, ainda assim,
Rendo-me ao seu encanto sobre o mar sem fim.

OS POEMAS DOS BLYTHES

Os barcos ociosos devaneiam ancorados
Ao lado do cais onde as ondas revolvem e cantam,
Um veleiro fantasmagórico se afasta no oceano nublado,
Formando com a lua cenários que os olhos encantam.
Oh, navio que parte entre a luz e o breu,
Leva contigo a esperança e o coração meus.

Walter Blythe

Rilla Ford:

– Ele fala do encanto da praia, mas acho que amava mais as florestas. Quantos crepúsculos passamos juntos! E, depois, o horror! Eu sempre sinto, contudo, que a esperança e o coração dele seguem comigo, embora aquela lembrança terrível do dia em que recebemos a notícia da morte dele ainda me oprima, por vezes. E agora Gilbert juntou-se à força aérea e preciso esperar de novo! Como o fato de Walter escrever poemas costumava irritar a pobre Susan! Quando penso em Walter, parece quase cruel ter que ficar feliz por Ken ter retornado. Mas o que eu teria feito se ele não tivesse voltado? Eu jamais conseguiria ser tão corajosa quanto a Una.

OH, CAMINHAREMOS HOJE COM A PRIMAVERA

Oh, caminharemos hoje com a primavera,
Com a Dama de Maio, bonita e sincera,
Em toda a sua doce despreocupação
Em meio aos deuses que reinavam sobre este chão:
Em trilhas secretas de feitiços e magias leves,
Onde feitos impressionantes podem acontecer em breve,
Algum sussurro de uma fada escondida,
Sábias palavras do passado já perdidas,
Ou um pé descalço de uma dríade a trilhar
Seu caminho de uma beleza peculiar.

Oh, por toda a terra iremos caminhar,
Encanto, magia e mistério a observar:
Alguns campos montanhosos de sol e grama,
Onde uma sombra fascinante se derrama;
Uma árvore solitária tomada pelas teias
Tecida em um tear de uma época alheia;
Um riacho cantante, festivo e indomado,
Lendas de antigas primaveras no prado;
Pinheiros necromânticos que ensinam
A erudição de saberes divinos que atinam.

Os poemas dos Blythes

Oh, caminharemos hoje com a primavera,
Por uma trilha florida onde o perfume prospera,
Em vales musgosos livres de maldade
Celebrar uma sacramental amizade
E um acordo com os ventos que parecem, afinal,
Soprar da Terra da Juventude Imortal;
Oh, ficaremos eufóricos como uma canção
E tão felizes quanto as aventuras que virão,
Com corações risonhos, pois na Primavera
Pode-se acreditar em tudo que na terra impera.

Walter Blythe

Doutor Blythe:

– Sim, pode-se mesmo acreditar em tudo na primavera, graças a Deus. Lembro que nos velhos tempos, Anne, eu costumava acreditar, durante a primavera, que poderia conquistar você, apesar de tudo.

Jem Blythe:

– Não acredito nisso, meu pai. Está querendo dizer que um dia houve alguma dúvida com relação a *isso*?!

Doutor Blythe:

– Ah, vocês, crianças, não sabem de tantas coisas sobre a nossa juventude quanto pensam. Eu passei uns maus bocados para conquistá-la, posso garantir.

Susan:

– Até mesmo na primavera parece um tanto impossível acreditar que poderia haver qualquer dúvida com relação a *isso*. Se *eu* fosse uma garota e um homem como o doutor Blythe ao menos olhasse para mim...

Meneia a cabeça e pensa em como o mundo é estranho.

Doutor Blythe:

– Ora, houve anos em que Anne nem sequer falava comigo.

Anne:

– O verso deveria ser "na juventude, pode-se acreditar em tudo".

Suspira.

Doutor Blythe:

– Concordo com você. Entretanto... perdemos nosso filho, Anne, como muitos outros também perderam, mas temos nossas lembranças dele, e as almas nunca morrem. Ainda podemos caminhar com Walter na primavera.

Os poemas dos Blythes

LUTO

O luto bateu à minha porta um dia:
Em meio à aurora que nascia,
Entrou sem ser convidado,
Tomou o lugar da Alegria com um brado;
Em meu túmulo, quando o fulgor
Da minha chama perdeu seu ardor,
No lugar que o Amor ocupava,
O luto se acomodou com sua clava.

Durante minha reza sagrada,
O luto empunhou sua enxada;
No entardecer tristonho,
O luto roubou-me os sonhos;
Esquivando-me de seu pesar rabugento,
Em todos os cantos busquei um alento.

A música perdeu sua graça sadia
Quando fitei sua face sombria;
Flores perderam seu perfume,
O sol perdeu o seu lume,
O riso escondeu-se de pavor
Daquela Presença de angústia e horror;
Sonhos e anseios desesperados
Fugiram para longe, amedrontados.

Privada do que me fazia feliz,
O luto tornou meus dias febris,
Então eu o acolhi junto ao peito,
Em meu lar ofereci-lhe um leito;
Com o tempo, ele se tornou mais belo,
Mais amado, gentil e singelo...
E assim o luto se tornou para mim
Um amigo e um companheiro, enfim.

Finalmente, o dia chegou
Em que meu caro luto debandou;
Em um amanhecer de raios prateados,
Despertei e não o vi ao meu lado;
Ah, o vazio e a solidão
Que ele deixou em meu coração!
Vã foi minha suplicante cantiga
"Luto infiel, volta para tua amiga!"

Anne Blythe

Anne, *suspirando*:

– Escrevi isso anos atrás, após a morte de Matthew. Desde então, aprendi que alguns lutos são mais fiéis.

Una Meredith:

– Ah, sim, de fato.

Susan Baker, *vindo do jardim*: "Por que será que estão todos tão sérios? Suponho que estejam pensando na morte de Walter. Eu sempre suspeitei que Una o amava. Bem, vou fazer uns bolinhos para o jantar... Isso deve alegrá-los".

Os POEMAS DOS BLYTHES

O QUARTO

Este é um quarto mal-assombrado;
Nesta lareira silenciosa em chamas,
Refletem em espelhos queimados
Os rostos opacos de muitas damas.

Aqui, um jovem amante ainda
Sonha com todo o seu coração,
Em meio à angústia que brinda
Com o sol seu cruel clarão.

A pequena noiva espanhola
Na solidão do entardecer,
De saudades de casa cantarola,
Até de tristeza morrer.

O avarento conta o dinheiro,
E em sua angústia exporá
Estar preso em um cativeiro
Do qual nem a morte libertará.

Aquela que o ódio nutria
Continua ainda a fugir,
Infeliz com sua alma vazia
Que o perdão não consegue exprimir.

LUCY MAUD MONTGOMERY

Não há fantasmas contentes,
Tais mortos jazem inertes;
Só vêm aqueles que mentem,
Cujo sofrimento ainda subverte.

Antigos rumores espreitam e acenam,
Antigas mentiras e zombarias:
Segredos que o sono envenenam
E crueldades de outros dias.

Oh, quem pensaria que este quarto
Essa lareira e seu fogo adorado,
De sombras e brilhos fartos,
Era um lugar tão assombrado?

Anne Blythe

Susan:

– Lembro-me de ouvir essa história da noiva espanhola quando eu era criança. Um capitão do mar a trouxe consigo e ela morreu de saudades de casa. As pessoas diziam que ela "perambulava". O senhor acha possível, doutor?

Doutor Blythe:

– Você acredita em fantasmas, Susan?

Susan:

– Não, é claro que não... Mas... Mas...

Jem Blythe:

– Mas você tem medo mesmo assim.

Susan, *indignada*:

– Não tenho, *não*!

Os poemas dos Blythes

Anne:

– É estranho como diversas pessoas que conhecemos já viram um.

Jem:

– Ou imaginaram ter visto. Quem é o avarento, mamãe?

Susan:

– Aposto que é o velho Sam Flagg, de Lowbridge Road. Não é ele, cara senhora Blythe? Ele venderia a própria mãe para fazer uns tostões.

Anne:

– Nunca ouvi falar dele. À exceção da noiva espanhola, todo o restante é imaginário. *Enfiem* isso na cabeça.

Faith Blythe:

– Nós já entendemos. E o seu poema se encaixa em quase qualquer quarto que já foi habitado na Terra...

AU REVOIR

EU QUERO

Estou farto do barulho da cidade...
Daqui quero fugir
Para campos onde o luar adora sonhar
Sobre riachos a luzir.
E onde por entre os pinheiros ao final da trilha
A luz de uma velha casa ainda brilha.

Quero sentir o vento que sopra
No topo das montanhas, livre e distante,
Sobre os campos de trevos que se estendem
Até o mar altivo e cantante,
E ouvir novamente o rugido silencioso
Das ondas no litoral rochoso.

Estou cansado de tumulto e ódio;
Quero uma noite doce e tranquila,
Em um velho jardim enovelado onde
Desabrochem lírios e camomilas...
A escuridão perfumada será, enfim,
Uma amiga honesta e leal para mim.

Quero que a chuva festiva fale,
Assim como fala na primavera,
E me conte, como costumava fazer,
Das coisas belas de outra era.
Quero ver a cerejeira nevar
Sobre as trilhas de um antigo pomar.

LUCY MAUD MONTGOMERY

Quero um tempo para sonhar
Longe da pressa decadente,
Quero trocar buzinas e gritos
Pelo canto dos tordos sob o sol poente,
Quero um tempo para brincar...
O trem para casa hoje hei de tomar!

Walter Blythe

Susan:

– Há partes desse poema que consigo entender. Mas deve ser, em sua maioria, o que a cara senhora Blythe chama de "imaginação". Walter não tinha passado tempo suficiente em uma cidade quando escreveu isso... Lembro-me de que ele estava no início da adolescência. Será que um dia esquecerei a noite em que ele fugiu da casa do doutor Parker e voltou para casa, caminhando por quase dez quilômetros no escuro? E tenho certeza de que nosso jardim nunca foi enovelado, nem aqui nem na Casa dos Sonhos. As cerejeiras parecem mais brancas que de costume neste ano. Como ele as adorava, especialmente as que cresciam livremente no Vale do Arco-Íris. Além disso, ele amava todas as coisas singelas e belas. "Susan", ele costumava me dizer, "o mundo é repleto de beleza". Ele não tinha idade suficiente para saber. Existem, contudo, algumas coisas belas nele, e amanhã preciso arrancar as ervas daninhas do canteiro de amores-perfeitos. Nós sempre fazíamos isso juntos. "Veja os rostinhos pitorescos deles, Susan", ele dizia. Não sei ao certo o que "pitoresco" significa, mas os amores-perfeitos certamente têm rostos, disso eu assino embaixo.

Os poemas dos Blythes

O PEREGRINO

O vento sopra no morro;
Nuvens negras de chuva a oeste,
Mas celeremente ainda transcorro
Em minha busca entre os ciprestes.

Pois um feitiço antigo ainda tece tenaz
O encanto do céu tempestuoso,
E as nuvens dissiparão, deixando para trás
Uma estrela no firmamento calmoso.

Ou talvez seja a lua,
Fina como um anel,
Que coroará as bétulas nuas
Na primavera de mel.

Pode ser que eu trilhe
Um caminho inexplorado,
Onde encontrarei um sonho que maravilhe
Minhas recordações do passado.

A primavera branca há de ser minha,
E minha será a bondade do verão;
Do outono, a fragrância rainha;
Do inverno, a solidão.

Aqui, as árvores me protegem
Com sua graça verdejante;
Lá, onde as dunas emergem,
A névoa umedece o rosto do viajante.

Caminharei até o raiar do dia,
Sem pressa e sem descanso;
A beleza é minha estrela-guia:
Em minha busca assim avanço.

Walter Blythe

Diana:
– Ele escreveu esse poema pouco antes do início da última guerra.
Doutor Blythe:
– Uma criança falando de seus sonhos de outrora!
Anne:
– Essa é a única época em que podemos falar deles. É tudo amargo demais quando envelhecemos.
Susan, *indignada*:
– A senhora e o doutor jamais envelhecerão, cara senhora Blythe.
Anne, *suspirando*:
– Sinto-me bastante velha, às vezes... Até mais velha do que sou.
Faith Blythe:
– A beleza *era* a estrela-guia de Walter... E sabemos que ele a encontrou para sempre, Mamãe Blythe.

CANÇÃO DA PRIMAVERA

Oh, vento cigano que assobia e canta
Nos galhos floridos das faias,
Ouço o riso da primavera que abrilhanta
Teu discurso prateado entre as samambaias.

Oh, névoa singela que te escondes na fenda
Do vale verde a redemoinhar,
Sei que te vestes em pérolas e renda,
Para tua rainha reverenciar.

Oh, pequena semente na terra madura
A quem beijam a chuva e o sol,
Sei que em ti reside a bravura
Entoada no canto do rouxinol.

Oh, Esperança, floresces em meu caminho
Como violetas nos solos teus,
E o Amor aquece como o vinho
Quando a primavera é lançada por Deus.

Walter Blythe

Doutor Blythe:

– Sim, Deus sempre nos manda a primavera, sejamos gratos.

Susan:

– Está atrasada neste ano, contudo. Os narcisos estão apenas começando a desabrochar.

(*Para si mesma:*)

– Como Walter amava os narcisos!

Anne:

– Eu costumava amar o inverno, até mesmo nos últimos vinte anos. E agora me pergunto como poderíamos sobreviver a ele se não fosse pela esperança da primavera.

Doutor Blythe:

– A vida comigo é tão difícil assim, menina Anne?

Susan, *pensando*: "Esse homem sempre precisa fazer troças..."

A CONSEQUÊNCIA

I

Ontem éramos jovens, agora somos idosos...
Lutávamos ardentemente sob o céu do norte,
A sede de sangue torna até os covardes corajosos
E ninguém temia a morte;
Estávamos embriagados com uma alegria voraz;
Ríamos risos maquiavélicos oriundos do inferno,
E, quando a lua vermelha surgiu no céu do inverno,
Eu matei um jovem rapaz!

Ele poderia ser meu irmão, magro e bonito...
Eu o matei sanguinariamente e fiquei contente;
Agradou-me tanto ver seu rosto aflito,
Olhar em seus olhos fulgentes!
Brandi minha baioneta em uma alegria notória...
Ele se contorceu como um verme, e ao nosso redor
Cadáveres se acumulavam banhados em sangue e suor...
Nossa era a vitória!

II

Nós, que éramos jovens, hoje somos idosos
E não conseguimos ver a beleza do céu,
Pois estivemos no inferno de precipícios nebulosos
E nossos olhos foram queimados pelo fogaréu.
Os mortos são mais felizes do que nós, os vivos,
Pois a morte deles expurgou a memória atroz,
Mergulhando-os no esquecimento; mas e quanto a nós
E nossos pensamentos nocivos?

Precisamos sempre lembrar: nunca mais
Deve a primavera ser odiosa e a aurora, uma vergonha...
Não mais teremos antigos sonhos banais,
Não mais aquela gana medonha.
O vento tem vozes que não se pode emudecer...
O vento que na manhã de ontem era tão despreocupado;
E para todos os lados que olho, eu o vejo, torturado:
O belo garoto que minha arma fez morrer!

Walter Blythe

Esse poema foi escrito "em algum lugar da França", no ano da batalha de Flers-Courcelette, e enviado para sua mãe juntamente com o restante de seus papéis. Ela nunca o tinha lido para outra pessoa além de Jem Blythe, que diz:

– Walter nunca matou alguém com a baioneta, mãe. Mas ele viu... ele viu...

Anne, *calmamente*:

– Agora estou grata, Jem, por Walter não ter retornado. Ele jamais teria conseguido viver com as lembranças... E se tivesse visto a futilidade do sacrifício que eles fizeram refletido nesse holocausto pavoroso...

Jem, *pensando em Jem Jr. e no jovem Walter*:

– Eu sei... eu sei... Até mesmo eu, que sou mais forte que Walter... Mas falemos de outra coisa. Quem foi que disse: "Esquecemos porque precisamos"? Ele tinha razão.

FIM